Editores
Alencar Perdigão e Gustavo Abreu

Revisão
Nathan Matos

Projeto Gráfico, Capa e Ilustrações
Leonardo Mathias | leonardomathia0.wix.com/leonardomathias

Dados Internacionais de Catalogação na Publicação (CIP)
Bibliotecária Juliana Farias Motta CRB7- 5880

V846e Vitral, Marília.

Era uma vez na Grécia Antiga ... / Marília Vitral .
Belo Horizonte, MG : Letramento, 2014.

32 p. : 4 cores; 20x20 cm

ISBN 978-85-68275-06-1

1. Mitologia grega - Literatura infantojuvenil. I.Título.

CDD 808.899282

Marília Vitral

Era uma vez na Grécia Antiga...

Editora
LETRAMENTO

Quixote

APRESENTAÇÃO

ERA UMA VEZ NA GRÉCIA ANTIGA, É RESULTADO DO TRABALHO "MITOLOGIA E FILOSOFIA NA PRÉ-ESCOLA", PROJETO QUE VENHO DESENVOLVENDO HÁ 28 ANOS, COM MUITO PRAZER E GOSTOSA ACEITAÇÃO DOS PEQUENOS.

QUANDO PENSEI EM ADAPTAR ALGUNS MITOS, A FIM DE TORNÁ-LOS ACESSÍVEIS À FAIXA ETÁRIA COM A QUAL TRABALHO, FUI IMPULSIONADA PELO DESEJO DE TRANSMITIR ÀS CRIANÇAS UM POUCO DA VISÃO POÉTICA DE QUE SE SERVIAM OS GREGOS NA TENTATIVA DE APREENSÃO DO MUNDO. ALÉM DA EMOÇÃO QUE OS MITOS SÃO CAPAZES DE OFERECER, QUASE SEMPRE, AS CRIANÇAS DESTA IDADE TAMBÉM CRIAM SUAS PRÓPRIAS FANTASIAS PARA LIDAR COM A REALIDADE, POSSIBILITANDO ASSIM, UMA IMEDIATA IDENTIFICAÇÃO COM ALGUNS PERSONAGENS, QUE ASSIM COMO ELAS, CARREGAM DÚVIDAS, ALEGRIAS, TRISTEZAS E, PRINCIPALMENTE INCERTEZAS.

ESPERO QUE APÓS OUVIR OS MITOS, AS CRIANÇAS SEJAM IMPULSIONADAS À BUSCA PELO CONHECIMENTO, ASSIM COMO SEMPRE FOI NA GRÉCIA ANTIGA.

MARÍLIA VITRAL

NARCISO

EXISTIU, NA GRÉCIA ANTIGA, UMA LINDA MULHER CHAMADA LIRÍOPE.

UM DIA LIRÍOPE FICOU GRÁVIDA.

AO CONSTATAR QUE ESTAVA ESPERANDO UM BEBÊ, RESOLVEU CONSULTAR O SÁBIO CEGO TIRÉSIAS, PARA SABER QUAL SERIA O DESTINO DE SEU AMADO FILHO.

TIRÉSIAS PÔS AS MÃOS SOBRE A BARRIGA DE LIRÍOPE E RAPIDAMENTE AFIRMOU QUE NARCISO, ESSE SERIA O NOME DA CRIANÇA, NASCERIA BONITO DEMAIS E QUE PODERIA VIVER FELIZ POR MUITO TEMPO, DESDE QUE NUNCA SE OLHASSE NO ESPELHO.

NA GRÉCIA ANTIGA, NADA PODIA SER DEMAIS, NEM DE MENOS. EXISTIA UMA "JUSTA MEDIDA", SOB PENA DE SEREM CASTIGADOS

PELOS DEUSES DO OLIMPO, AQUELES QUE NÃO A RESPEITASSEM.

LIRÍOPE FOI EMBORA PREOCUPADA E MANDOU QUEBRAR TODOS OS ESPELHOS DE SUA CASA.

O TEMPO FOI PASSANDO. NARCISO FOI CRESCENDO E SE TORNANDO CADA VEZ MAIS BELO. TODAS AS MOCINHAS SE APAIXONAVAM POR ELE, MAS NARCISO CONTINUAVA INDIFERENTE.

UM DIA, JÁ RAPAZ, EM UM PASSEIO PELO CAMPO, NARCISO SENTIU MUITA SEDE E BUSCOU A FONTE MAIS LÍMPIDA PARA BEBER ÁGUA. AO CURVAR-SE DIANTE DAS ÁGUAS TRANSPARENTES, NARCISO FICOU ENCANTADO AO VER SUA IMAGEM REFLETIDA NAS ÁGUAS DA FONTE, E APAIXONOU-SE POR SI MESMO.

NO MESMO INSTANTE, OS DEUSES DO OLIMPO BRADARAM: “QUE TENHA O CASTIGO QUE MERECE!”

NUMA TENTATIVA DE BEIJAR SUA LINDA IMAGEM REFLETIDA NAS ÁGUAS, NARCISO CAIU NA FONTE TRANSFORMANDO-SE NUMA BELA FLOR QUE GANHOU O SEU NOME.

ÍCARO

EXISTIU, NA GRÉCIA ANTIGA, UM MENINO MUITO INTELIGENTE DE NOME ÍCARO. SEU PAI CHAMAVA-SE DÉDALO E ERA O MAIS COMPETENTE CONSTRUTOR DE TODA A GRÉCIA.

ASSIM COMO O PAI, ÍCARO TINHA GRANDE TALENTO PARA CRIAR E MUITA HABILIDADE COM AS FERRAMENTAS.

MAS O GRANDE SONHO DE ÍCARO ERA MESMO VOAR.

UM DIA, DÉDALO E ÍCARO FORAM APRISIONADOS PELO REI MINOS EM UM LABIRINTO QUE FORA CONSTRUÍDO PELO PRÓPRIO DÉDALO A FIM DE PROTEGER O MINOTAURO, UM TERRÍVEL MONSTRO QUE TINHA O CORPO DE HOMEM E A CABEÇA DE TOURO. MAS ERA COMO SE FOSSE O "BICHINHO DE ESTIMAÇÃO" DO REI MINOS.

AO CONSTRUIR O LABIRINTO, DÉDALO JUROU AO REI QUE SE TRATAVA DO LABIRINTO MAIS SEGURO DO MUNDO, DE ONDE NENHUMA CRIATURA SERIA CAPAZ DE ESCAPAR.

NO ENTANTO, O HERÓI TESEU, INIMIGO NÚMERO UM DO REI, CONSEGUIU ENTRAR NO LABIRINTO COM A AJUDA DE ARIADNE, FILHA DE MINOS, QUE SE APAIXONOU PERDIDAMENTE POR TESEU, ENTREGANDO-LHE UM FIO QUE INDICAVA OS CAMINHOS ATÉ O MINOTAURO.

O FIO DE ARIADNE PROPORCIONOU A TESEU A DIREÇÃO E SEGURANÇA NECESSÁRIAS PARA ENTRAR NO LABIRINTO E MATAR O MINOTAURO.

AO VER SEU QUERIDO "BICHINHO" MORTO, MINOS SE SENTIU TRAÍDO POR DÉDALO E MANDOU-O PARA A PRISÃO, JUNTO COM SEU FILHO ÍCARO, NO PRÓPRIO LABIRINTO QUE HAVIA CONSTRUÍDO.

COMO ÍCARO ERA BASTANTE ESPERTO, FOI ESCONDENDO NA ROUPA UMA VARIEDADE DE FERRAMENTAS E MATÉRIAS DO SEU PAI.

ERA OUTONO, PENAS DE AVES E FOLHAS CAÍAM AO VENTO DENTRO DO LABIRINTO. PAI E FILHO CONSTRUÍRAM DOIS GRANDES PARES DE ASAS COM ESSAS PENAS QUE CAÍAM.

AO FICAREM PRONTAS AS ASAS, COM MUITA DIFICULDADE, AMBOS FICARAM DE PÉ NUMA ALTA PAREDE COBERTA POR HERA E, APROVEITANDO O VENTO FAVORÁVEL, PULARAM.

A PRINCÍPIO, BATIAM AS ASAS DESEQUILIBRADAMENTE, MAS MINUTOS DEPOIS, PARECIAM DOIS BELOS PÁSSAROS PLANANDO PELO CÉU.

ÍCARO ENCANTOU-SE COM O BRILHO DO SOL. FICOU FASCINADO!

E, APESAR DE DÉDALO AVISÁ-LO DO PERIGO DE APROXIMAR-SE DEMAIS DO SOL, POIS AS ASAS ERAM FEITAS DE PENAS DE AVES COLADAS COM CERA, PODENDO O SOL DERRRETÊ-LAS, ÍCARO NÃO RESISTIU A UM BRILHO TÃO INTENSO. SUBIU DEMAIS. O SOL DERRETEU A CERA E O JOVEM SONHADOR DEU UM MERGULHO FATAL NAS ÁGUAS DO MAR.

CADA PENA, QUE COMPUNHA AS ASAS DE ÍCARO, TRANSFORMOU-SE NUMA ILHA FORMANDO O ARQUIPÉLAGO DE ICÁRIAS, QUE EXISTE ATÉ HOJE NA GRÉCIA.

ANDRÓGINO

NO INÍCIO DOS TEMPOS, NA GRÉCIA ANTIGA, ESTANDO OS DEUSES DO OLIMPO ENTEDIADOS, RESOLVERAM COLOCAR NO MUNDO CRIATURAS QUE ERAM SERES COMPLETOS. ESSES SERES FORAM CHAMADOS DE ANDRÓGINOS.

ERAM, AO MESMO TEMPO, HOMEM E MULHER NUM SÓ SER E MUITO INTELIGENTES E PERSPICAZES.

COM O PASSAR DO TEMPO, SENDO ELES DE MUITA ARGÚCIA, SENTIRAM-SE CAPAZES DE DESAFIAR SEUS CRIADORES. MAS OS DEUSES GREGOS NÃO ADMITIAM QUE ALGUÉM PRETENDESSE DESAFIÁ-LOS.

SENDO ASSIM, ZEUS E OS DEMAIS DEUSES DO OLIMPO COMEÇARAM A ELABORAR UM PLANO, A FIM DE FAZER COM QUE OS ANDRÓGINOS SE TORNASSEM MENOS FORTES E SUBMISSOS A ELES.

APÓS MUITAS CONFERÊNCIAS, ZEUS TEVE A IDEIA DE DIVIDIR CADA UM DESSSES SERES EM DOIS. E O FEZ.

PARTIU-OS EM DUAS METADES, UMA METADE HOMEM E UMA METADE MULHER.

DEPOIS DESSE CASTIGO, OS ANDRÓGINOS FICARAM MAIS FRACOS E NUMEROSOS. COMEÇARAM A SE SENTIR INCOMPLETOS, INSATISFEITOS E ATÉ ANGUSTIADOS. O QUE OS LEVOU A SAIR SEMPRE A PROCURA DO SEU PAR, DA SUA "PARTE METADE". LEVANDO-OS A PAIXÕES AVASSALADORAS E SOFRIMENTOS INTENSOS.

AS MOIRAS

VIVIAM SEMPRE JUNTAS TRÊS IRMÃS. CLOTÓ, LÁQUESI E ÁTROPOS, TAMBÉM CONHECIDAS COMO AS MOIRAS. FILHAS DA ESCURIDÃO, A FORÇA MAIS ANTIGA DO UNIVERSO.

COMPENETRADAS E EFICIENTES, AS MOIRAS PROVOCAVAM, E DIZEM QUE PROVOCAM ATÉ HOJE, MEDO EM TODOS OS SERES VIVOS. MAS TINHAM O RESPEITO E A AUTORIZAÇÃO DOS DEUSES DO OLIMPO PARA REALIZAREM SEUS TRABALHOS.

AS TRÊS ERAM RESPONSÁVEIS PELO DESTINO DE TODOS OS MORTAIS. NEM MESMO O PODEROSO ZEUS ATREVIA-SE A INTERFERIR.

CLOTÓ ERA A FIANDEIRA. RESPONSÁVEL POR TRAÇAR, CUIDADOSAMENTE, OS FIOS DO DESTINO DE CADA CRIATURA, TÃO LOGO NASCESSE. PENSAVA E TRABALHAVA EM TUDO: AMORES,

FAMÍLIA, ENCONTROS E DESENCONTROS, TUDO ERA PLANEJADO POR ELA.

AO TERMINAR SEU TRABALHO, CLOTÓ PASSAVA OS FIOS PARA AS MÃOS DE LÁQUESI, A TECEDEIRA. LÁQUESI EXAMINAVA TUDO E DECIDIA QUAL A MELHOR HORA PARA QUE CADA COISA VIESSE A ACONTECER. QUANDO AS CRIATURAS DEVERIAM ESTUDAR, QUANDO DEVERIAM SE CASAR, TER FILHOS, ENFIM, O MOMENTO CERTO E PRECISO PARA CADA FATO DA VIDA.

EM SEGUIDA, LÁQUESI TRANSFERIA OS FIOS PARA AS MÃOS DE ÁTROPOS, CONHECIDA COMO A CORTADEIRA. ELA AVALIAVA COM ATENÇÃO CADA VIDA, O JEITO COMO CADA CRIATURA VIVERIA E PROCURAVA DETERMINAR, COM JUSTIÇA, O DIA EM QUE CADA SER VIVO DEVERIA DEIXAR O MUNDO, CORTANDO O FIO TRABALHADO COM ESMERO POR SUAS IRMÃS CLOTÓ E LÁQUESI.

PANDORA

OS DEUSES DO OLIMPO DETINHAM O PODER SOBRE O FOGO.

CERTO DIA, UM TITÃ CHAMADO PROMETEU, CUJO NOME SIGNIFICA "AQUELE QUE VÊ ANTES," CANSOU-SE DE VER OS SERES HUMANOS, PELOS QUAIS TINHA MUITO CARINHO, VIVENDO SEM CONFORTO.

RESOLVEU ENTÃO ROUBAR O FOGO DOS DEUSES DO OLIMPO PARA OFERECER A ELES.

ELE ACREDITAVA QUE, COM O PODER DO FOGO E A INTELIGÊNCIA QUE OS HUMANOS POSSUÍAM, ELES SE TORNARIAM INDEPENDENTES E INVENCÍVEIS, PODENDO ATÉ VIR A ASSUMIR O COMANDO DO UNIVERSO JUNTO COM OS DEUSES.

SABENDO DA SUA IDEIA, EPIMETEU, CUJO NOME SIGNIFICA "AQUELE QUE VÊ DEPOIS," IRMÃO DE PROMETEU, ADVERTIU-O DE QUE SERIA UMA LOUCURA DESAFIAR A ESFERA DIVINA.

PORÉM PROMETEU NÃO DEU A MENOR ATENÇÃO AO IRMÃO. PEGOU UM RAMO SECO DE ÁRVORE E CHEGOU PERTO DO FOGO

DOS DEUSES. O CALOR DO FOGO ACENDEU UMA PEQUENA CHAMA NA PONTA DO GALHO.

AO RETORNAR À TERRA, PROMETEU FEZ UMA GRANDE FESTA COM OS HUMANOS. OS HOMENS NÃO PRECISARIAM IMPLORAR AOS DEUSES QUE VOLTASSE O VERÃO. TERIAM, COM O FOGO, COMO PROTEGER-SE DO FRIO. CONSTRUIRIAM CASAS, CIDADES, CONFECCIONARIAM MOEDAS DE OURO, COZINHARIAM ALIMENTOS E MUITAS OUTRAS COISAS QUE OS TORNARIAM INDEPENDENTES E FELIZES.

ZEUS DESCOBRIU O ROUBO DE PROMETEU E FICOU TÃO FURIOSO QUE SÓ PENSAVA EM VINGANÇA. IMEDIATAMENTE TEVE UMA IDEIA PARA ACABAR COM A FELICIDADE DOS HOMENS. ENVIOU PARA A TERRA PANDORA. UMA MULHER MARAVILHOSA, QUE PARECIA UMA DEUSA, PARA QUE EPIMETEU SE APAIXONASSE E SE CASASSE COM ELA.

MAS PANDORA NÃO IRIA DE MÃOS VAZIAS, LEVARIA CONSIGO UMA LINDA CAIXA, UM "PRESENTE DE GREGO," DOS DEUSES GREGOS PARA EPIMETEU E PROMETEU.

QUANDO SE CASOU COM PANDORA, EPIMETEU VENDO-A COM A CAIXINHA PERGUNTOU:

– PARA QUE É ESTA CAIXINHA MEU BEM?

– OS DEUSES DISSERAM QUE É UM PRESENTE PARA VOCÊ E SEU IRMÃO, QUERIDO.

EPIMETEU FICOU PREOCUPADO, POIS SENDO AQUELE QUE VÊ ALÉM, SABIA QUE, MAIS CEDO OU MAIS TARDE, OS DEUSES BUSCARIAM A VINGANÇA.

– NUNCA MAIS TOQUE NESTA CAIXA, MEU AMOR! TENHO O PRESSENTIMENTO DE QUE COISA BOA NÃO DEVE SER.

MAS, COMO TODA MULHER, PANDORA ERA MUITO CURIOSA. E AO OUVIR AQUELAS PALAVRAS DO MARIDO, SUA CURIOSIDADE FICOU MAIS AGUÇADA.

UM DIA, AO FICAR SOZINHA EM CASA, ABRIU A CAIXA LENTAMENTE. DE REPENTE, CRIATURAS HORRÍVEIS COMEÇARAM A SAIR E SE ESPALHAR PELO MUNDO TODO. LEVANDO TRISTEZAS, DOENÇAS, DOR, GUERRAS E TODO TIPO DE SOFRIMENTO AOS HOMENS.

PANDORA ESTAVA DESOLADA QUANDO VIU, POR ÚLTIMO, LÁ DO FUNDO DA CAIXA, SAINDO UM LINDO PÁSSARO VERDE. SEU NOME ERA ESPERANÇA. VOAVA SEM DESCANSO POR TODOS OS LUGARES, LEVANDO ÀS PESSOAS O DESEJO DE QUE UM DIA PUDESSEM REENCONTRAR A FELICIDADE E A PAZ, PERDIDAS AO SER ABERTA A CAIXA DE PANDORA.

MIDAS

MIDAS ERA UM HOMEM EGOÍSTA E AMBICIOSO.

UM DIA, FOI NOMEADO REI DA CIDADE MAIS ENCANTADORA DE TODA A GRÉCIA: FRÍGIA. UMA CIDADE QUE POSSUÍA INCOMPARÁVEL BELEZA POR APRESENTAR AS FLORES ORNAMENTAIS MAIS LINDAS E INTERESSANTES.

TODOS QUE VISITAVAM FRÍGIA SEMPRE RETORNAVAM, SEDUZIDOS POR SUA BELEZA PRIMAVERIL.

NO ENTANTO, MIDAS NÃO DAVA NENHUMA IMPORTÂNCIA ÀS MILHARES DE FLORES QUE ENFEITAVAM SEU REINO, COLORIDAS E PERFUMADAS. VIVIA MUITO OCUPADO ACUMULANDO OURO.

CERTA VEZ, O REI MIDAS CONSEGUIU SALVAR SILENO, AMIGO FIEL DO DEUS DIONÍSIO, DE APUROS EM QUE ELE ESTAVA ENVOLVIDO.

DIONÍSIO GOSTOU DO GESTO DE MIDAS E OFERECEU-LHE UMA RECOMPENSA.

SABENDO DOS PODERES DE DIONÍSIO, O REI MIDAS PEDIU QUE ELE REALIZASSE SEU DESEJO DE QUE TUDO QUE TOCASSE PUDESSE

VIRAR OURO. QUERIA, SIMPLESMENTE, O DOM DE TRANSFORMAR SEU MUNDO E SEU REINO EM OURO.

DIONÍSIO ALERTOU-O DE QUE NÃO ERA UMA BOA IDEIA. MAS MIDAS MOSTROU-SE IRREDUTÍVEL EM SEU DESEJO.

– CERTAMENTE ATENDEREI SEU PEDIDO MIDAS, POIS SALVASTE MEU MELHOR AMIGO. MAS TENHO CERTEZA DE QUE IRÁ SE ARREPENDER. PENSE MELHOR E PEÇA OUTRA COISA MEU CARO.

MAS MIDAS ESTAVA MESMO CONVICTO DE SEU DESEJO E CONFIRMOU QUE ERA EXATAMENTE AQUILO QUE QUERIA.

– ESTÁ BEM! SENDO ASSIM, SEU DESEJO TORNA-SE REALIDADE DESTE MOMENTO EM DIANTE.

E NO MESMO INSTANTE, APARECEU UMA AURA DOURADA ENVOLVENDO O REI MIDAS. DIONÍSIO E SILENO FORAM EMBORA.

MIDAS NÃO CABIA EM SI DE CONTENTAMENTO. FELICÍSSIMO, TRANSFORMOU TUDO O QUE ENCONTROU PELA FRENTE EM OURO. E PASSOU O DIA EM ATIVIDADE "AURÍFERA".

À NOITE, ENTROU EM SEU PALÁCIO CANSADO E PEDIU UM COPO D'ÁGUA, POIS NÃO AGUENTAVA MAIS DE TANTA SEDE.

PORÉM, QUANDO SEU SERVIÇAL ENTREGOU O COPO EM SUAS MÃOS, TANTO O COPO, COMO A ÁGUA E O EMPREGADO, TRANSFORMARAM-SE EM OURO MACIÇO.

MIDAS AINDA TENTOU SABOREAR ALGUMAS FRUTAS, CARNES E OUTROS ALIMENTOS. MAS ERA IMPOSSÍVEL. TUDO O QUE ELE TOCAVA VIRAVA OURO PURO.

O REI, DESESPERADO, VOLTOU-SE PARA DIONÍSIO E IMPLOROU:

– OH, PODEROSO DEUS DIONÍSIO! PERDOE-ME POR NÃO OUVIR SEU SÁBIO CONSELHO! COMO PODEREI VIVER ENDURECIDO PELO OURO, SEM ALIMENTOS, SEM ÁGUA, SEM AMIGOS E SEM AS ROSAS? AH, AMIGO DIONÍSIO, QUE SAUDADE DAS MINHAS ROSAS! MEU MUNDO TORNOU-SE AMARELADO E SEM GRAÇA. TROCO O PODER QUE ME DESTES POR MINHAS ROSAS DE VOLTA.

DIONÍSIO, QUE A TUDO ACOMPANHAVA DO MONTE OLIMPO, FICOU COM PENA E RESOLVEU PERDOÁ-LO, DESFAZENDO O PODER.

A PARTIR DESSE MOMENTO, O REI MIDAS CONSEGUIU ENXERGAR A BELEZA E A FELICIDADE NAS COISAS MAIS SIMPLES DA VIDA, COMO NAS ROSAS DE SEU REINO.

A CAVERNA

NUMA CAVERNA ESCURA, ILUMINADA APENAS PELA LUZ VINDA DE UMA FOGUEIRA, VIVIAM PESSOAS ACORRENTADAS EM GRILHÕES DESDE O DIA DO SEU NASCIMENTO.

NA CAVERNA, PASSAVAM TODO O DIA OLHANDO PARA A PAREDE DO FUNDO, ONDE ERAM PROJETADAS, PELA LUZ DA FOGUEIRA, SOMBRAS DE ANIMAIS, PLANTAS, OBJETOS E SERES HUMANOS, QUE MOSTRAVAM CENAS DO COTIDIANO FORA DALI.

OS HABITANTES DA CAVERNA DESCONHECIAM A REALIDADE. OCUPAVAM SEU TEMPO NOMEANDO IMAGENS E JULGANDO AS SITUAÇÕES QUE VIAM NAS PAREDES.

CERTA VEZ, UM DOS PRISIONEIROS, QUE GOSTAVA MUITO DE ANALISAR AS SOMBRAS COM PROFUNDIDADE E CAUTELA, CONSEGUIU SE LIBERTAR DAS CORRENTES E SAIU PARA EXPLORAR O MUNDO.

AO PERCEBER QUE O QUE VIRA ATÉ ENTÃO ERA APENAS SOMBRAS,

FICOU PERPLEXO. PERCEBEU QUE PASSARA TODA SUA VIDA ANALISANDO, NOMEANDO E JULGANDO O QUE ESTAVA LONGE DE CORRESPONDER A REALIDADE.

VOLTOU CORRENDO À CAVERNA ANIMADÍSSIMO. QUERIA PASSAR TODO O CONHECIMENTO ADQUIRIDO À LUZ DO SOL PARA SEUS COMPANHEIROS AINDA PRESOS.

PORÉM, AO CONTAR SOBRE O QUE VIRA E SENTIRA, FOI FORTEMENTE RIDICULARIZADO, POIS AQUELES QUE AINDA ENCONTRAVAM-SE APRISIONADOS, SÓ CONSEGUIAM CRER NO QUE ENXERGAVAM NA PAREDE DO FUNDO, NAS SOMBRAS.

ELE INSISTIU, IMPLOROU QUE ACREDITASSEM EM SUA EXPERIÊNCIA ILUMINADA PELO SOL. NO ENTANTO, CHAMARAM-NO DE LOUCO E AMEAÇARAM-NO DE MORTE, CASO NÃO PARASSE DE INSISTIR NAQUELAS IDEIAS ABSURDAS.

DESILUDIDO, ELE TEVE QUE FUGIR, ABANDONANDO SEUS COMPANHEIROS NAS TREVAS DA CAVERNA. ONDE A ÚNICA LUZ NÃO APRESENTAVA A REALIDADE SOBRE A VIDA.

VIVEU SOZINHO PARA SEMPRE. MAS IMENSAMENTE FELIZ POR HAVER CONHECIDO A VERDADE.

τέλος
(ou) fim

Para Igor Vitral Athayde, que sempre morou em minha imaginação e um dia tornou-se a mais gostosa realidade. E para todos meus alunos, que me ensinaram o segredo de nunca deixar de ser criança.